Antonio Luis Muñiz Pajín

Emiliano Zapata

SELECTOR
actualidad editorial

SELECTOR
actualidad editorial
Doctor Erazo 120 Colonia Doctores México 06720, D.F.
Tel. 55 88 72 72 Fax. 57 61 57 16

EMILIANO ZAPATA
Autor: *Antonio Luis Muñiz Pajín*
Ilustración de interiores: Sergio Osorio
Diseño de portada: Sergio Osorio

ISBN: 970-643-714-2

Cuarta reimpresión. Junio de 2008.

Sistema de clasificación Melvil Dewey

920.71
M229
2003

Muñiz Pajín, Antonio Luis; 1920.
Emiliano Zapata / Antonio Luis Muñiz Pajín,
Cd. De México, México: Selector, 2003.
48 p.

ISBN: 970-643-714-2

1. Historia. 2. Historia de México. 3. Biografía.

Índice

Prólogo

Emiliano Zapata fue un verdadero revolucionario. No se puede decir lo mismo de tantos y tantos como participaron en la Revolución Mexicana.

Para todos éstos la Revolución era un escalón para ascender al poder. Decían que venían a salvar al pueblo. Después se vio que todo era un engaño. Ponían en práctica aquel dicho: "Quítate tú para que me ponga yo" y para que las cosas sigan siendo casi igual.

Zapata era diferente. Se pasaba la vida exigiendo a los poderes centrales la restitución de las tierras a los pueblos. "Tierra y libertad" era el lema de su campaña.

Pero no renegó nunca de sus principios, de sus ideales, ni olvidó el honor y la dignidad de los pobres desamparados.

Alguien ha lanzado esta pregunta sobre Zapata: ¿Fue un héroe o un villano?

Desde luego muchas veces hizo su campaña arrasando y matando por todas partes.

Pero hay algo que no debemos olvidar. Era Zapata una persona calmada que quería arreglar las cosas por las buenas. Y así lo hizo ante Porfirio Díaz y ante Madero al entrevistarlos, propiciando el diálogo, y en los mensajes que les enviaba para que cumplieran las promesas de regresarles las tierras.

Hasta que se le agotó la paciencia y no le quedó más salida que las armas y la violencia, y arreglar por las malas lo que no había conseguido por las buenas.

La culpa que tuvo por ello la lavó con la muerte, a traición, que le dieron en la hacienda de Chinameca el 10 de abril de 1919. Una muerte que no apagó sus voces pidiendo justicia, porque a partir de ese momento se convirtió en una leyenda y una lección histórica.

Un maestro preguntón

En una asamblea del pueblo de San Miguel de Anenecuilco renunciaron sus tres gobernantes, porque eran ancianos, ya no podían llevar la responsabilidad y hubo una elección, el 8 de septiembre de 1909. En esa reunión popular los electores pensaron que yo, Emiliano Zapata, podía ser el próximo gobernante porque, según dijeron, era una persona con muchas ganas de trabajar en la defensa de los vecinos que se veían oprimidos por los dueños de las grandes haciendas que rodeaban el pueblo y que, además, les habían quitado muchas de sus tierras. Fui elegido casi por unanimidad e hice protestas de lo mucho que los quería a todos y de que juntos conseguiríamos triunfar.

Entre los asistentes se encontró un maestro que no se explicaba bien por qué me ha-

bían elegido. Según me dijo, había notado que mi vida no era la misma que la de mis vecinos que eran peones y vivían en chozas o en pobres casitas mientras que mi casa era espaciosa y bastante buena. Me dijo que yo tenía algunas tierras y negocios de cría de ganado. Me alegaba que los campesinos vestían los tradicionales calzones y camisas blancas, mientras que yo, parecía un señor que vestía un pantalón muy ajustado y de buena tela, camisa blanca impecable con un moño de seda como corbata y, además, chaqueta bordada y con adornos de plata, sombrero jarano de copa redonda y baja, de alas grandes y calzaba costosas botas. Que era un auténtico charro, elegante y con buena estampa y lo más importante, que yo iba siempre en un brioso caballo.

Sin embargo, me decía el maestro que yo no era un charro soberbio, me llevaba tan bien con todos que me llamaban Miliano en vez de don Emiliano como me correspondería. Además, que yo asistía con frecuencia a las ferias para hacer negocios y para lucirme con mi caballo en las mejores manganas. Que con mis caballerías había acarreado a la hacienda de Chinameca todos los materiales necesarios para construir la casa grande de la misma.

Además, se me veía en buenas relaciones con el yerno de don Porfirio, don Nachito de la Torre y que durante algún tiempo estuve al frente de sus establos y cuidaba y amaestraba con mucho esmero caballos y yeguas de las mejores razas.

Por eso, me decía este maestro, que se extrañaba de que me hubieran elegido para defender a los pobres. No parecía que era el indicado. Desde luego me dijo el maestro que no me conocía mucho ni sabía de mis sentimientos, que me veía como hombre de pocas palabras, muy reservado, hermético, aunque de maneras tranquilas.

Yo empecé a platicar con el maestro y le comenté:

A veces las apariencias engañan. Así es en mi caso. Me dedicaba a mis negocios, a mis diversiones. Alguien podría creer que llevaba

una vida frívola. Pero muy pocos conocían mi vida interior. Tenía unos sentimientos de compasión por tanto pobre, por tanto amolado. Ahora no puedo explicarlo bien.

Sólo puedo decir y contar una anécdota de cuando apenas tenía nueve años. En ese momento eran muchos los que tenían tierras como mi padre. Y ahí la iban pasando. Pero por ese tiempo causaba furor la "ley de los deslindes". Se trataba de todas esas tierras que habían pertenecido a la Iglesia o también a las comunidades indígenas, donde los pobres de los pueblos sin ninguna tierra tenían algo en común desde los aztecas, y eran unas tierras que habían respetado los gobiernos de la Colonia y los de la República hasta los tiempos de Benito Juárez que se las quitó y las puso a la venta entre los mestizos. En esas tierras que el pueblo tenía en común cualquiera de los vecinos podía llevar su cabrita o al borreguito para que comieran. Podían cortar leña para cocer frijoles y calentar tortillas y también aprovechar la madera para

fabricar un mueble rústico. Al no tener dinero los pobres para comprar esas tierras, lo hicieron los comerciantes y los dueños de las haciendas que sí tenían dinero.

Cuando acabaron los hacendados con esas tierras se echaron sobre las que tenían dueños, pero les faltaban los papeles. A mi familia también le tocó esa mala suerte. El dueño de una gran hacienda se acercó un día con sus hombres armados, nos robaron las tierras y tiraron algunas casas del pueblo para convertirlas en tierras, y recorrieron los lindes. No atendieron a las razones que les daba mi padre, de que las tierras las habían tenido su padre y su abuelo, desde siempre. Tuvo que resignarse porque allí cerca estaban los rurales que eran como si dijéramos la policía del gobierno.

En ese momento se presentó una situación que me llenó de asombro y confusión. Me fijé un poco más en la cara de mi padre y no me lo podía creer. Estaba sollozando y se siguió llorando a gritos, gritos de rabia y de impotencia. Tenía entonces nueve años y nunca

lo había visto llorar. Es más, cuando de pequeñito me veía lloriqueando me decía: "Los hombres no lloran".

Me acerqué a mi padre y le pregunté:

—¿Por qué llora usted tanto, padre?

—Porque nos quitaron las tierras esos malvados.

—Y, ¿por qué les dejaron que lo hicieran?

—Porque ellos lo pueden todo y nosotros no podemos nada.

Y no sé cómo me salió algo de aquí muy adentro y le dije:

—Padre, cuando yo sea mayor los obligaré a que nos las devuelvan.

Desde entonces y sin que nadie lo supiera fui cargando con esa promesa.

Este suceso cambió por completo mi carácter. Me hice reservado. Y quería hacer muchas cosas para olvidar lo de las tierras. Me quería aturdir con los negocios, con las carreras de caballos, con las ferias. Pero pasaban los años y no me podía quitar esa obligación

que me había echado sobre mis espaldas. No sabía cómo ni cuándo lo podría conseguir. Desde entonces manifesté más mi compasión por los amolados, los pobres. Ellos se dieron cuenta y es la explicación que me pides de por qué me eligieron de jefe.

Zapata habla de su pueblo y de su familia

Yo creía que con toda está plática el maestro me dejaría tranquilo. Pero no. Como que se había picado y me pidió algo en lo que no sé si lo podré complacer. Me dijo que tenía verdadera vocación de ayudar a los desvalidos y a los pobres, esos de los que nadie se acuerda y que están resignados con su triste modo de vivir, que había que hacerlos más sensibles y más dispuestos a cambiar su lamentable género de vida. Como el maestro me tenía confianza y, además de preguntón se convertía en mandón, me decía que les fuera contando a los niños todo lo que pudiera recordar acerca de mi vida, acerca de mi pueblo, sobre mi familia y que les hablara de las injusticias, los atropellos que yo mismo había podido presenciar y por qué res-

petaba y amaba tanto a los maestros. Me resistí todo lo que pude pero al fin el maestro me animó a llevar a cabo esta tarea.

Empecemos por mi pueblo, Anenecuilco. Ahora es muy pequeño, pero fue desde antiguo muy importante. Tenía en mi tiempo unos 400 habitantes. Antes de la llegada de los españoles fue conquistado por Moctezuma el Viejo y pagaba impuestos a los aztecas. Lo conquistó Hernán Cortés y pertenecía a sus dominios como Marqués del Valle y por esto sus habitantes construyeron su gran Palacio de Cuernavaca. Mereció que este pueblo apareciera en el Códice Mendocino, que el primer virrey envió al emperador Carlos V y que lo robaron los piratas franceses y ahora se encuentra en un museo de Londres, en Inglaterra. En este códice aparece Anenecuilco con su jeroglífico que significa "el agua que corre", en alusión a los riachuelos que corren por el pueblo. Muy pronto, el Rey le quitó este pueblo a Cortés y en adelante era propiedad del Rey de España. Salimos ganando. Con esto fue más importante e independiente.

Era un pueblo muy rico con tierras muy fértiles. Tiene su iglesia de San Miguel que el pueblo ayudó a construir a sus misioneros, los dominicos. El pueblo les regaló tierras a ellos. También a los frailes que atendían a locos e infecciosos y a los jesuitas para sus colegios.

Sus huertas daban sabrosas frutas que a veces nos hurtábamos de pequeños. Y había mucho de donde escoger: plátanos, mangos, papayas, ciruelas, naranjas, limones, aguaca-

tes, tamarindos, zapotes negros. Y eran la envidia de los que pasaban por el camino: arrieros, comerciantes, empleados del gobierno y no digamos de los hacendados. Había animales para el trabajo, para el alimento, como vacas, mulas, asnos, cabras, ovejas, caballos y aves de corral. El clima es húmedo y caluroso, hay bastantes cerros y en uno de ellos está construido el pueblo. Abundan los riachuelos de agua limpia y cristalina y cerca se encuentra el río de Cuautla.

Pero pocos tenían papeles de sus tierras. Habían pasado de padres a hijos y todos sabían de quién eran, se compraban y vendían, y todos respetaban la propiedad, excepto los hacendados y el gobierno.

Los apellidos de mi familia eran importantes y yo, ni parezco indio, ni mestizo, ni mulato, ni criollo.

Desciendo, sobre todo, de aquellos negros africanos que trajeron de África para hacer los trabajos que no podían hacer los indios porque eran trabajos muy pesados. Tengo también un antepasado criollo que se casó con una mulata y un mulato que se casó con una criolla. Y puedo decir que soy una mezcla de muchas razas.

Y respecto a mis apellidos: mi padre fue Gabriel Zapata, mi madre Cleofas Salazar y nací el 8 de agosto de 1879, cuando ya gobernaba Porfirio Díaz. Cuando era niño oía contar a mis padres que tuvimos antepasados que lucharon como insurgentes y

también en las guerras contra los norteamericanos y contra los franceses. Mi tío José desde jovencito estuvo con don Porfirio en las últimas guerras hasta que éste llegó a la Presidencia. Siempre fueron amigos y el presidente le pedía consejos.

Mi familia por tradición heredó la iniciativa que tuvieron mis abuelos para defender a la patria, solían mandar a sus hijos a la escuela y completaban esta educación en casa. Pocos vecinos hacían lo que nosotros, ellos

no heredaron una cultura de sus padres, casi no iban a la escuela porque los necesitaban para trabajar y porque no tenían ropa para presentarse al maestro y andaban andrajosos. A todos éstos trataré de sacarlos de su miseria dándoles tierras y educación. En mi casa éramos todos muy unidos, aunque fuimos pocos hermanos, porque se murieron varios de pequeños. Ayudábamos para que no faltara leña, tirábamos la basura en un rincón del corral, preparábamos el maíz, lo molíamos y hacíamos harina y masa para las tortillas, y mi madre las sacaba en el comal.

Cuando todavía teníamos tierras todos preparábamos el terreno, quitábamos las hierbas malas, hacíamos hoyitos para depositar las semillas y esperábamos a que crecieran bien con abono y agua.

Nos gustaba después levantar la cosecha. Dejábamos para nuestro consumo el maíz, los frijoles, las frutas que se podían conservar, como higos, ate de membrillo, nueces. Lo que nos quedaba lo vendíamos bastante bien entre mi padre, mi hermano Eufemio y yo. Pronto Eufemio se fue de vendedor ambulante durante algún tiempo y por su cuenta.

Pero por desgracia este negocio no daba dinero porque los compradores, sobre todo, los hacendados, nos pagaban mal para aburrirnos. Pero mi padre, hombre capaz y de iniciativas se dedicó a la cría, compra y venta de animales, sobre todo, de caballos para montar y de bestias de carga como mulas y asnos. Aquí empecé ya a trabajar por mi cuenta y a

ahorrar, hasta que me pude comprar una yegüita a la que llamé Papaya; me hice también de un potro. Y eso que yo todavía era chamaco. Mi padre estaba orgulloso de mí al verme trotar por el campo. Casi todo lo hacíamos los de la familia. Sólo cuando se juntaba mucho trabajo, pagábamos a vecinos de confianza, y que lo necesitaban, para que nos ayudaran.

Y respecto a mis diversiones, puedo decir que dediqué poco tiempo a los juegos infantiles. Jugábamos al trompo, a las escondidas, sobre todo, las niñas; también a las perinolas, a los soldaditos de barro, a la guerra con espadas que hacíamos de madera.

A veces montábamos un columpio que hacíamos en la rama gruesa de un árbol. Otras veces, cuando hacía mucho calor nos íbamos a bañar en los riachuelos. Lo que no me hacía gracia eran aquellos que se robaban los nidos o mataban pajaritos con las resorteras. Me puse muy triste cuando otro niño mató a un pajarito de pecho amarillo que dejó unas crías recién salidas del cascarón.

En las fiestas, como la del día de San Miguel, patrono del pueblo, ponían colchas en algunas ventanas y adornábamos la plaza con papeles de colores y a veces venían payasitos con las caras pintadas para hacernos reír. Tampoco faltaba la piñata. Y es cuando más disfrutaban los niños.

Pero la mera verdad es que lo que más me divertía eran los toros y los caballos y las ferias donde vendíamos y comprábamos animales. Yo siempre iba montado en brioso

potro, domado por mí y vestido de charro iba saltando los arroyuelos y pequeños obstáculos y de vez en cuando caracoleando con el caballo.

¡Cómo disfrutaba! Pero de regreso a casa me ponía siempre triste porque no cumplía la promesa de rescatar las tierras y no sabía ni para cuándo, ni cómo le iba a hacer.

Así, fue pasando mi vida hasta que llegó el día en que me eligieron presidente de mi pueblo.

Amor de Zapata a los maestros

Un maestro me enseñó unas frases sobre lo buenas que son las escuelas: "Donde hay educación, no hay distinción de clases". "Abran escuelas para cerrar cárceles. Eduquen a los niños y no será necesario castigar a los hombres".

Un maestro puede cambiar un pueblo porque tiene contacto diario con los niños cuando son como esos arbolitos que se pueden enderezar si se empiezan a torcer y así prepararlos para que estén derechos y produzcan muchos frutos.

Y digo todo esto aun cuando Eufemio y yo fuimos poco a la escuela. Mis padres tenían muchos trabajos que hacer y necesitaban que los ayudáramos. Aunque podemos

decir que la familia para nosotros fue un complemento de la escuela por tantas cosas buenas, cómo aprendimos con mis padres.

Con el maestro aprendí a leer y a escribir y algo de cuentas. En las haciendas también tenían maestro, pero casi no les enseñaban cuentas para que de mayores no advirtieran las trampas que les hacían con el salario y con la tienda de raya de donde les daban todo lo que necesitaban para comer y vestir y se lo descontaban con un salario mísero que no alcanzaba para pagar todo lo fiado y se endeudaban para toda la vida.

En la escuela aprendíamos a leer con El Quijote. Cómo me gustaba a veces, en particular, cuando don Quijote quita las cadenas con que iban atados los presos que llevaban a remar en los barcos. Yo también quería ser un don Quijote para salvar a mis vecinos de la esclavitud. También el maestro nos enseñaba la doctrina cristiana.

Muchas veces me aburría. Pero me animaba mucho cuando nos decía: "Amarás a tu prójimo como a ti mismo". Y que me perdone Diosito si para mí no era mi prójimo el hacendado que nos quitaba las tierras. Mi prójimo era la mujercita que andaba recogiendo ramitas y pasto para prender la lumbre, pues le quitaron las tierras de la comunidad donde tenía leña. Mi prójimo eran aquellos chamaquitos que andaban andrajosos y no tenían un calzón y una camisa limpios para ir a la escuela y que iban por los caminos recolectando semillas y frutos silvestres para comer.

Tampoco me aburría cuando el maestro nos explicaba las obras de misericordia y también estaba muy atento cuando nos decía que todos los hombres éramos iguales en todo lo importante de la vida. Todos nacemos igual, todos vamos a morir, todos somos tan desvalidos al dar los primeros pasos en la vida, todos necesitamos en estos momentos que nos ayuden y nos echen la mano, todos amamos y tenemos nuestros hijos, no importa que seamos ricos o que seamos pobres.

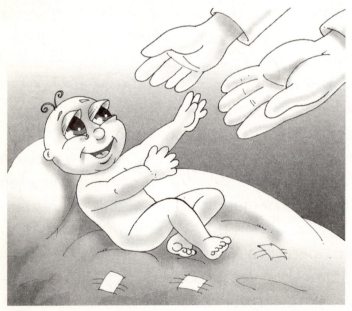

Más tarde me di cuenta de que en el pueblo todos estábamos igualados por la pobreza pero allí junto teníamos las haciendas y empezamos a ver desigualdades que no hace la naturaleza. Las fabricó el hombre que se creía era más que los otros porque tenía dinero. Y veíamos que había clases. Estaban los de más abajo, los peones que daban lástima; en otro escalón estaban los criados, las personas de confianza, y arriba, los dueños que no siempre trataban humanamente a los que, según

el maestro, eran iguales a ellos. Sólo les preocupaba la producción y el dinero.

Por eso quiero y escucho con respeto al maestro, por tantas cosas que me enseñó. Recuerdo aquí unas palabras que dijo del maestro un personaje que trabajaba con don Porfirio, guardando alguna distancia. "El buen maestro ayuda a los niños en su desarrollo, enseña a los niños sus derechos para que no los engañen y también los deberes y a no despreciar a los niños ignorantes que no tuvieron maestro".

Desde que vi llorar a mi padre porque le quitaban las tierras ya no fui el mismo. Como que empecé a madurar, me empecé a dar cuenta de las injusticias. Antes ni me daba cuenta ni me importaba. Empecé a estar más serio y a sufrir. Después me fui percatando de que era imposible cumplir la promesa que hice a mi padre y trataba de olvidarme y por eso me dedicaba tanto al trabajo, a los caballos y a las ferias.

Un maestro me dijo que no me desanimara. Que íbamos a encontrar una manera pacífica de arreglar las cosas. Que sí había papeles en los que aparecían los dueños y había que buscarlos en las oficinas y en las parroquias. Y a eso me dedicaba de vez en cuando con un maestro.

Conseguíamos copias y las escondíamos porque tenían mucho valor. Nadie sabe más que nosotros dónde están, para sacarlas cuando sea oportuno y presentarlas a las autoridades para que nos devuelvan las tierras por las buenas. Pero me parece que va a ser imposible conseguir las cosas tan fácilmente.

De lo contrario no se sabe adónde iremos a parar.

Cuando me eligieron jefe fue para que arreglara este problema de las tierras. Y si no lo conseguimos, sólo Dios sabe la catástrofe que puede caer sobre nosotros. Puede haber una revolución en que muera mucha gente. Ya hay un movimiento por todo el país promovido por un tal Madero. Esperemos que triunfe y nos salvemos.

Datos importantes para la escuela

08-08-1879. Nace Emiliano Zapata en San Miguel Anenecuilco.

1879. Presidente de México, Porfirio Díaz.

1880-1884. Presidente de México, Manuel González.

1884-1911. Presidente de México, Porfirio Díaz.

1890. Aparecen los grandes latifundios.

1890. Explotación petrolera en manos extranjeras.

1892. Encíclica Rerum Novarum del Papa León XIII sobre los obreros.

1898. Guerra de Estados Unidos contra España, la cual pierde Cuba, Puerto Rico y Filipinas.

1906. Primera huelga obrera: Cananea y Atlixco.

1908. Entrevista Díaz-Creelman.

1909. Partido Antirreeleccionista.

1910. Plan de San Luis de Francisco I. Madero que es candidato a la Presidencia.

16-09-1910. Gran Fiesta del Centenario de la Independencia de México.

20-11-1910. Comienza la Revolución Mexicana.

11-03-1911. Zapata se alza en armas.

Mayo 1911. Porfirio Díaz renuncia a la Presidencia y sale al destierro.

1911. Plan de Ayala de Emiliano Zapata.

1911. Francisco I. Madero, Presidente de México.

1913. Decena Trágica y asesinato de Madero y Pino Suárez.

1913. Victoriano Huerta, Presidente de México.

1913. Venustiano Carranza se subleva contra Huerta.

1914. Apertura del Canal de Panamá.

1914. Invade Veracruz la Marina Norteamericana.

1914. Huerta renuncia y se exilia.

1914. Convención de Aguascalientes: Eulalio

Gutiérrez, Presidente de México.

1914. Pancho Villa y Emiliano Zapata se entrevistan en México.

1915. Obregón derrota a Villa que se hace guerrillero.

1916. Carranza, Presidente de México.

1917. Constitución de Querétaro.

10-04-1919. Emiliano Zapata es asesinado a traición en la hacienda de Chinameca.

COLECCIÓN BIOGRAFÍAS
PARA NIÑOS

COLECCIONES

Belleza
Negocios
Superación personal
Salud
Familia
Literatura infantil
Literatura juvenil
Ciencia para niños
Con los pelos de punta
Pequeños valientes
¡Que la fuerza te acompañe!
Juegos y acertijos
Manualidades
Cultural
Medicina alternativa
Clásicos para niños
Computación
Didáctica
New Age
Esoterismo
Historia para niños
Humorismo
Interés general
Compendios de bolsillo
Cocina
Inspiracional
Ajedrez
Pokémon
B. Traven
Disney pasatiempos
Mad Science
Abracadabra
Biografías para niños
Clásicos juveniles

Esta edición se imprimió en Junio de 2008. Grupo Impresor
Mexicano. Av. De Río frío No 35 México, D.F. 08510

SU OPINIÓN CUENTA

Nombre ....

Dirección ....

Calle y número ....

Teléfono ....

Correo electrónico ....

Colonia .... Delegación ....

C.P .... Ciudad/Municipio ....

Estado .... País ....

Ocupación .... Edad ....

Lugar de compra ....

Temas de interés:

- ☐ *Negocios*
- ☐ *Superación personal*
- ☐ *Motivación*
- ☐ *New Age*
- ☐ *Esoterismo*
- ☐ *Salud*
- ☐ *Belleza*

- ☐ *Familia*
- ☐ *Psicología infantil*
- ☐ *Pareja*
- ☐ *Cocina*
- ☐ *Literatura infantil*
- ☐ *Literatura juvenil*
- ☐ *Cuento*
- ☐ *Novela*

- ☐ *Ciencia para niños*
- ☐ *Didáctica*
- ☐ *Juegos y acertijos*
- ☐ *Manualidades*
- ☐ *Humorismo*
- ☐ *Interés general*
- ☐ *Otros*

¿Cómo se enteró de la existencia del libro?

- ☐ *Punto de venta*
- ☐ *Recomendación*
- ☐ *Periódico*
- ☐ *Revista*
- ☐ *Radio*
- ☐ *Televisión*

Otros ....

Sugerencias ....

Emiliano Zapata